समर्पित

अपने पूज्य पिताश्री अंबिका प्रसाद शुक्ला (सेवानिवृत्त प्रधानाचार्य) एवं स्वर्गीय माताश्री चंद्रकला शुक्ला को समर्पित।

लेखिका परिचय

मैं, **श्रीमती सुधा पांडेय,** महाराष्ट्र के यवतमाल जिले में जन्मी और पली–बढ़ी हूँ। मैंने अपनी 10वीं और 12वीं की शिक्षा एंग्लो हिंदी हाई स्कूल, यवतमाल से पूरी की है। मेरी शिक्षा लोकनायक बापूजी आणे कॉलेज से बी.ए. और अमोलकचंद कॉलेज, यवतमाल से हिंदी साहित्य में एम.ए. तक हुई है। बचपन के वे दिन आज भी मेरी स्मृतियों में बसे हैं, जब मेरे पूज्य पिताश्री के विचारशील शब्दों को सुनकर मैं गहराई से प्रेरित होती थी। उन्होंने मुझे सोचने की शक्ति दी, तो मेरी पूजनीय माता ने मुझे सिखाया कि शब्दों को भावनाओं से कैसे जोड़ा जाए। उन्हीं की शिक्षा और संस्कारों ने मेरे हृदय में कविता के प्रति प्रेम और संवेदनशीलता को जन्म दिया। कविताएँ हमेशा से मेरे मन के सबसे करीब रही हैं। जीवन की छोटी–छोटी घटनाएँ मुझे प्रेरित करती हैं, और मैं उन्हें शब्दों में ढालने का प्रयास करती हूँ। लेखन मेरे लिए केवल एक अभिव्यक्ति नहीं, बल्कि मेरे विचारों और भावनाओं का जीवंत स्वरूप है।

आभार

ईश्वर की असीम कृपा के बिना कोई भी कार्य पूर्ण नहीं हो सकता। अतः सबसे पहले, मैं उस परमपिता का हृदय से आभार व्यक्त करती हूँ, जिसने मुझे यह संकल्प और सामर्थ्य प्रदान किया कि मैं अपने भावों को शब्दों में ढालकर ***ख्वाबों की उड़ान*** के रूप में आपके समक्ष प्रस्तुत कर सकूँ।

मैं अपने पूज्य पिताश्री **अंबिका प्रसाद शुक्ला** और अपनी स्वर्गीय माताश्री **स्वर्गीय चंद्रकला शुक्ला** को नमन करती हूँ, जिनके संस्कारों और प्रेरणा ने मुझे इस राह पर आगे बढ़ने की शक्ति दी। उनकी शिक्षाएँ और आशीर्वाद ही मेरी लेखनी की वास्तविक प्रेरणा हैं।

इस पुस्तक के लेखन और प्रकाशन में मेरे जीवनसाथी **डॉ. विजय प्रकाश पांडेय** का सहयोग और समर्थन अतुलनीय रहा। उन्होंने हमेशा मेरे शब्दों को स्नेह और विश्वास के साथ अपनाया और मुझे आगे बढ़ने के लिए प्रेरित किया। मेरे पुत्र **प्रतीक** और **प्रत्युष** का भी मैं हृदय से आभार व्यक्त करती हूँ, जिन्होंने मुझे इस काव्य–संग्रह को केवल लिखने ही नहीं, बल्कि इसे पुस्तक के रूप में प्रकाशित करने की प्रेरणा भी दी। उनके उत्साहवर्धन के बिना यह पुस्तक संपूर्ण न हो पाती।

मैं उन सभी का विशेष धन्यवाद करती हूँ, जिन्होंने इस पुस्तक के लेखन और संपादन में अपना अमूल्य योगदान दिया। उनके समर्थन और मार्गदर्शन ने मेरी रचनाओं को और भी निखारने में सहायता की।

अंत में, मैं **दीपक कुमार महंता** जी का विशेष रूप से आभार प्रकट करना चाहूँगी, जिन्होंने इस पुस्तक को प्रकाशित करने की दिशा में मुझे प्रेरित किया और मुझे विश्वास दिलाया कि मेरी कविताएँ पाठकों के हृदय तक अवश्य पहुँचेंगी।

इन सभी सहयोगियों, परिजनों और मित्रों के समर्थन के बिना ***ख्वाबों की उड़ान*** का यह सुंदर स्वरूप संभव नहीं था। मैं आप सभी की आभारी हूँ।

सादर धन्यवाद!
– श्रीमती सुधा पांडेय

पुस्तक की कहानी

प्रिय पाठकों,

ख्वाबों की उड़ान केवल कविताओं का संकलन नहीं, बल्कि मेरे विचारों, भावनाओं और कल्पनाओं की अभिव्यक्ति है। यह उन अनुभूतियों का संकलन है, जो कभी मन के किसी कोने में सहेजकर रखी गई थीं और अब शब्दों का रूप लेकर आपके सामने प्रस्तुत हो रही हैं। इस संग्रह में प्रेम की गहराई है, विरह की वेदना है, समाज का दर्पण है, प्रकृति का सौंदर्य है और जीवन के उत्सवों की झलक भी है।

मैंने इन कविताओं को अत्यंत सरल भाषा में प्रस्तुत किया है ताकि ये हर पाठक के हृदय तक अपनी बात सहजता से पहुँचा सकें। मेरे लिए ये कविताएँ मात्र शब्द नहीं, बल्कि मेरे साथी हैं, जो मेरे सपनों को पंख देते हैं और मेरी भावनाओं को व्यक्त करने का माध्यम बनते हैं। ये कविताएँ सिर्फ मेरी नहीं, बल्कि उन सभी लोगों की हैं, जो कभी न कभी इन्हीं भावनाओं से गुजरे होंगे।

ख्वाबों की उड़ान में आप प्रेम की मिठास, जीवन की जटिलताएँ, समाज की सच्चाई, उत्सवों की रौनक और प्रकृति की मधुरता को महसूस कर सकेंगे। ये कविताएँ आपकी अपनी भावनाओं का भी प्रतिबिंब बनेंगी, क्योंकि हर शब्द किसी न किसी अनुभूति से प्रेरित होकर लिखा गया है।

मैं सभी पाठकों से अनुरोध करती हूँ कि वे इस काव्य–संग्रह को पढ़ें और इसे अपने हृदय से महसूस करें। यदि मेरी सरल अभिव्यक्ति आपके दिल तक पहुँच सके, तो यही मेरी सबसे बड़ी उपलब्धि होगी। आपके प्रेम और समर्थन से ही ख्वाबों की उड़ान अपनी ऊँचाइयों तक पहुँचेगी और नए सपनों को साकार करने की प्रेरणा बनेगी।

सप्रेम,
श्रीमती सुधा पाण्डेय,

भूमिका

कविता सिर्फ शब्दों का खेल नहीं होती, बल्कि यह भावनाओं का संगम होती है, जो हृदय की गहराइयों से निकलकर कागज पर अपनी छाप छोड़ती है। ***ख्वाबों की उड़ान*** एक ऐसा ही अद्भुत संग्रह है, जिसे मेरी अर्धांगिनी श्रीमती सुधा पाण्डेय ने अपने अनुभवों, संवेदनाओं और कल्पनाओं के रंगों से सजाया है। यह संग्रह न केवल उनके हृदय की गहराइयों से निकला एक अनुपम उपहार है, बल्कि यह उन सभी पाठकों के लिए एक अनमोल धरोहर भी है, जो काव्य को महसूस करते हैं और उसमें जीवन की सच्चाइयों को तलाशते हैं।

इस संग्रह में प्रेम की मिठास है, तो विरह की वेदना भी। यहाँ त्योहारों की उमंग है, तो समाज के प्रति गहरी सोच भी। प्रकृति की मोहक छटा है, तो गजलों की खूबसूरती भी। हर कविता अपने आप में एक अनोखी यात्रा है, जो पाठकों को अपने एहसासों से जोड़ती है। यह कविताएँ सिर्फ पढ़ी नहीं जातीं, बल्कि दिल में गूंजती हैं और आत्मा को छू जाती हैं।

मैं पूरी निष्ठा और प्रेम से इस संग्रह को सभी पाठकों के लिए श्रद्धापूर्वक निवेदन करता हूँ, क्योंकि इसमें भावनाओं की सजीव अभिव्यक्ति है, जो हर मन को छूने की ताकत रखती है। यदि आप प्रेम, पीड़ा, समाज, प्रकृति और उत्सव के रंगों को कविता के माध्यम से महसूस करना चाहते हैं, तो ***ख्वाबों की उडान***
आपके लिए एक अविस्मरणीय अनुभव होगा।

यह संग्रह केवल मेरी पत्नी की लेखनी का प्रमाण नहीं, बल्कि उनके गहरे और सशक्त विचारों का भी प्रतिबिंब है। मैं उनके इस अद्भुत प्रयास को सलाम करता हूँ और आशा करता हूँ कि यह कविता–संग्रह आपके हृदय को उसी तरह छुएगा, जैसे इसने मुझे प्रभावित किया है।

सप्रेम,

विजय प्रकाश पाण्डेय

डॉ. विजय प्रकाश पांडेय

पृष्ठा संख्या

1. अंतिम कड़ी तक लिखूँगी

अभी तो मैं कलम पकड़ना सीखा है,

इसीलिए गीत की अंतिम कड़ी तक लिखूँगी।

इस समय तो सृजन का,
सार चुनना चाहती हूँ।
जो अधूरा रह गया वह,
स्वप्न मैं बुनना चाहती हूँ।

ये नयन जब–जब बह कर प्रेरित करेगें,
तभी तो कविता मे सावन की झड़ी लिखूँगी।

भावनाओं की लहर में,
मंजिल खोजना चाहती हूँ।
हॉप कर सारी उम्र मैं,
प्यार ढोना चाहती हूँ।

ये तट तो हर तरह से मॉझी की नाव डूबोते है,
तो फिर कहो मैं कैसे प्यार की पंक्तियॉ लिखूँगी।

मन जनम से ही अपंग है,
तो गगन तक कैसे उड़ूँगी।
फूल सा दिल जो मुरझा गया,
भला वो कैसे फिर खिलेंगे।

जानती हूँ कि लघुता किस तरह मुझे मिली,
एक इन्सान हूँ फिर भी चाहत के सपने लिखूँगी।

2. एक गीत हूॅ मैं

जीवन को उन्मुक्त बना दो,
एक गीत हूॅ मैं
अवसादों से घिरे हुए,
जो ऑसू पीते है,

अंतस्थल मे दर्द समेटें,
मर–मर जीते है।
जीवन के पुष्पों पर अंकित,
एक गीत हूॅ मैं

मुरझाये पुष्पों को मैनें
जीवन दान दिया हूॅ।

पतझड़ के मौसम में भी,
मेरा रसपान किया है।

संघर्ष से कभी न हारे,
वही एक गीत हूॅ मैं।

3. तमन्ना

तेरे वादों पे हॅसी ख्वाब सजाए हमनें,
एक महल तमन्ना का बनाया हमनें,

अपने ऑखों से यूँ जाम पिलाते रहना,
फूल होठों पे तबस्सुम के खिलाते रहना,

तनहाई को अपने ऑसू से बुझाए हमने,
एक महल तमन्ना का बनाया हमनें,

शमा दिल में मुहब्बत की जलाने वालों,
मुझे दिल से चाहत की गहराई में उतारने वालों,

मंजिल को पाने के लिए सभी को झूलाया हमनें,
एक महल तमन्ना का बनाया हमनें,

मेरी चाहत में मुहब्बत को परखना न कभी,
अपने वादों से यू मुकरना न कभी,

जिन्दगी मेरी जान तुझ पर लुटाया हमने,
एक महल तमन्ना का बनाया हमनें।

4. कहना पड़ा

स्वार्थ को प्यार कहना पड़ा,
मुर्ख को यार कहना पड़ा।

हाल जब भी बताये उन्हें,
खुद को बिमार कहना पड़ा।

नर्क सी जिन्दगी को,
स्वर्ग का द्वार कहना पड़ा।

सर तो था किन्तु बुद्वी न थी,
फिर शी असरदार कहना पडा।

आप ही है सही आदमी,
होकर लाचार कहना पड़ा।

5. साज लेने दो

मंदभरी निगाहों से जाम देने दों।
इस नाजुक हथेली से थाम लेने दों।

इन कोमल ओठों पे लब्जों की बरसात होने दो,
आज मै इतना ही बोलूॅ की धुनों को साज लेने दो।

जुल्फों को ऐसे लहराउॅगी कि घटाएं शरमाएंगी,
चॉद भी मुझे देखकर बादल में छिप जायेगें।

लगाऊॅगी चॉदगी को सजाकर अपनी बिन्दियॉ में।
बस तुम अब छेड़ों सपनों को, बस साज लेने दों।

6. ऐ मेरे साजन

ऐ मेरे साजन, मेरे प्यार की किस्मत लिख दे,
मेरी तनहाई किसी रोज एक खत में लिख दे,

"जीत" खुश है तो वहाँ फूॅल भी खिलते होगें।
उसकी शाखों पर मेरे गम की इबारत लिख दें।

मोल करते हो हर एक दिल का सुना है हमनें,
फिर तो हम भी बिक जायेगें, अरमानों की कीमत लिख दे,

और होते है वो लोग जिन्हें दौलत की चाह होती है,
मेरी तकदीर के पन्नों में "जीत" की मुहब्बत लिख दें।

7. हॅसा के तो देखो

कभी किसी रुठे को मना के तो देखो,
कभी नये रिश्ते बना के तो देखो।

दुनिया भी खूबसूरत व हसीन नजर आयेगी,
न हो यकीन तो आजमाकर जरा तो देखो।

तमाम उम्र वो भी दुआ देगें तुम्ही को,
जरा गम में यारों को हॅसा के तो देखों।

8. गज़ल

जख्म सीने में छिपाकर– मुस्कुराना है गज़ल,
सहते–सहते दर्दे दिल को गुदगुदाना है गज़ल।

रंग– रंग में डूबोकर जब कसमसाती है गज़ल,
तब ख्याबों से हकीकत में खिचलाना है गज़ल।

है नही वाकिफ जो इस दर्द दिल की आह से,
सच कहु उसके लिए दुश्वार कहना है गज़ल।

पूछते हो क्यों कि रिश्ता क्या गज़ल संगीत का,
संगीत है आत्मा जिसकी –जिस्म जान है गजल।

9. आशिंया जलाने निकले

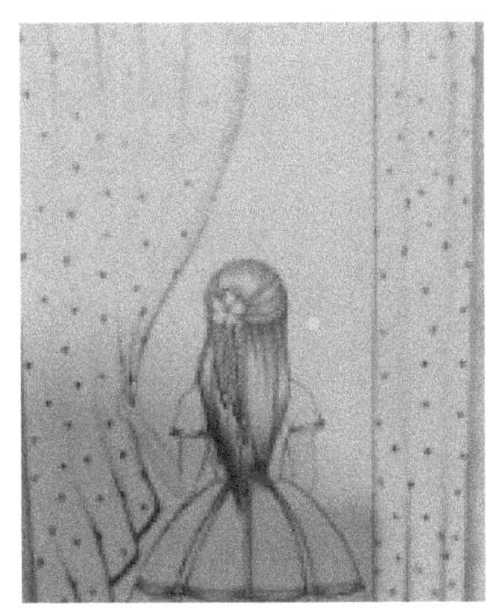

पानी में शक्ल दिखाने निकले,
वो जो पेड़ नदी के मुहाने निकले।

दु:ख देने वालों का चलन कैसा ये,
दु:ख देने दोस्तों के बहाने निकले।

जो दरख्त से गिरे, तो हमने देखा ये,
वो तिनके थे, आंशिया जलाने निकले।

दौर दरख्त से होकर जो हम गुजरें,
सामने मंजर कैसे सुहाने निकले।

पहले हँसाया उसने फिर, रुला दिया,
ये अजब चलन कैसा चलाने निकले।

हमने चुकाया जो कर्ज माटी का तो,
तो वो हमारी ही नींद चुराने निकले।

दिल अपना तो पहले ही गम में डुबा था
क्यों लोग हमें जहर खिलाने निकले।

10. आखिर क्यों

मैं ! न जाने कहाॅ खोयी रहती हूॅ,
एक टक।

क्यों रहती हूॅ इतनी उदास,
ख्याबों में खोई सी गुमसुम,

चिपकाए रहती हूॅ नजर।
कही चुपचाप।

क्यों कहते हो मुझसे,
की सो जाओ चुप होकर।

जब भी ज़िद करती हूॅ,
क्या दुख है कैसी चिन्ता है जो,

खायी जाती कही भीतर ही भीतर,
क्या किसी से नही बाॅट सकती मैं,

अपने एहसास अपने डर।
सच मानों मै इतनी बच्ची भी नही हूॅ,

समझ न पाऊॅगी व्यथा अपनी,
ना भी समझा सकी तो

कम से कम ऑसू का योगदान तो,
कर सकती हूॅ मै।

रो तो लूॅगी सीने से लगकर, साथ लीपट कर।

11. ऑसू

एक टूटा दिल पास हमारे,
संग में चार सितारे,

जग ने जो भी जख्म दिये है,
वे अपने बंजारें।

मेरे ऑख से ऑसू निकले,
उनके घर में जस्न हुऐं।

शूल से मुस्काए अधर तो,
नजरों में भी प्रष्न हुए।

कथनी की कहानी की टहनी पर जब भी,
करनी के कुछ फूल खिलें।

अपनों ने ही घात लगाकर,
हर उमंग ओंठ सिले।

हिम भी लगा अधर से तो फिर,
बस जला दिया बनकर ज्वाला।

12. दस्तूर दुनियॉ के

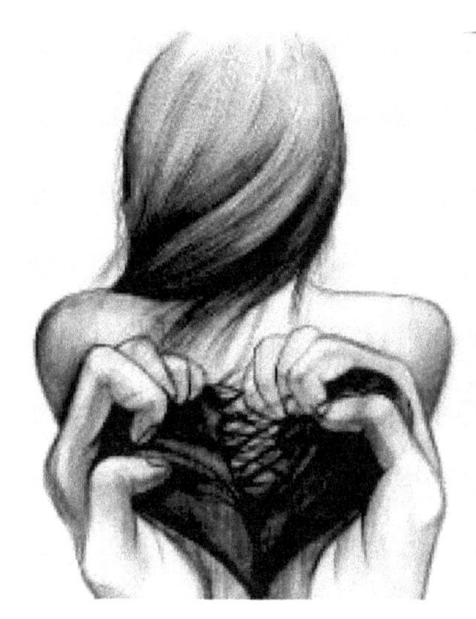

जब रिस्तें नाते बिखर गयें,
गैरों में फिर हम चलते हैं।
जब सुनने वाला कोई नहीं,
फिर खत्म कहानी करते है।

राह बनाया बड़े जतन से ,
कॉटों को हटाया पलकों से।
जब घर तक उनको आना नहीं,
तब बन्द दरवाजा करते है।

कहने को बहारे अब भी है,
रंगीन नजारें अब भी है।
पर साथ नहीं देने वाला।
तो तन्हॉ अकेले चलते है।

जी कर भी इतने वर्षो में
समझे दस्तूर न दुनियॉ के।
जब मिलता नहीं सुकून यहॉ,
तो उस दुनियॉ में चलते है।

13. तुम चाहो तो

तुम चाहों तो लाचारी पर कुछ तो तरस दिखा सकते हों,
तुम चाहों तो निमर्म मेरी कुछ तो पीर घटा सकते हो।

किससे व्यथा कहूँ इस मन की,
सभी तो दूर मुझ से रहते है।

प्यार बिना विरान बगिचा,
मन को मीत अब नही मिलते।
दर्द हर ले तन का, मन का,
अब फूल अधर पर कभी न खिलते।

तुम चाहों तो मुक वेदना को कर से सहला सकते हो।
तुम चाहो तो निमर्म मेरी कुछ तो पीर घटा सकते हो।
सुख के कोरे बहलावे में,
न जानें कितने दर्द सहें,
जिसकी चाह ह्रदय में पाली,
वो तो निकले कॉटों के प्यालें,
दीप जलायें यादों की रात में,
दिया तले छल गये उजाले।

तुम चाहों तो प्रीति का सागर मुझ पर छलका सकते हो,
तुम चाहों तो निमर्म मेरी कुछ तो पीर घटा सकते हो।

14. सयानी दुनिया

पीने से हुआ क्या, पीना तो बहाना है,
है फर्क किसमें कितना बस इतना बताना है।

कुछ लोग जो पीते है गम को बुझाने को,
ये लोग जो पीते हैं, इन्हें आग लगाना है।

इन्सान बहाये लहु ये कैसी तबाही है,
साजिश रची कैसी मजहब का बहाना है।

देखो इस शोहरत की दुनियॉ को,
झूठी ये शान है खाने को न दाना है।

15. सबेरे मिलेगें

सुकून लेने नहीं देती किसी को,
गमें–ए–दिल तंग करता है सभी को,

बुझाती है दिल की आतिश की बारिश,
बुझा सकते नही दिल की लगी को।

वो आते–आते मेरे घर आगे को चल पड़े,
हॅसने भी न पायें ये कि ऑसू निकल पड़े,

कल–कल ने आपकी मुझे बेकल बना डाला,
वो कौन सा कल आयेगा जिस बेकल को निकल पडे

क्या भरोसा है इस शमा का,
बुझी तो तुम्हें अंधेरा ही मिलेंगा,

रात का मिलना अच्छा नहीं है,
हम तो तुम्हें सबेरे ही मिलेगें।

16. कहानी गजल की

क्या कहुॅ मै कहानी गज़ल की,
दुनियॉ हुई दिवानी गज़ल की।

चाहे दिन बीते या बरस,
पर ढलती नहीं जवानी गज़ल की।

जो कुछ कहना चन्द लफ्जों कहना,
है ये आदत पुरानी गज़ल की।

जमाने से दूर तक पहुॅचाती है,
खुशबू जानी पहचानी गज़ल की।

आओ याद करें कुछ हसीन पल,
आयी शाम सुहानी गज़ल की।

शायर तो चला जाता है इस जहॉ से,
पर रह जाती है निशानी गज़ल की।

17.सजाकर देख लेगें

फिर नया विश्वास का दीपक जला कर देख लेगें।
जिन्दगी को फिर उलझनों में फसॉकर देख लेगें।

चुश रही है फिर तुम्हारी मधुर यादों की धरोहर,
क्या हुआ फिर से नये सपने सजाकर देख लेगें।

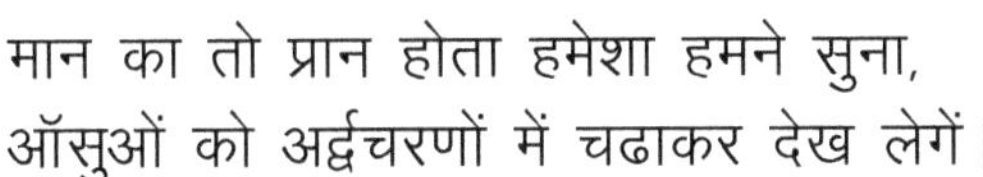

मान का तो प्रान होता हमेशा हमने सुना,
ऑसुओं को अर्द्वचरणों में चढाकर देख लेगें।

जब कभी होगी परीक्षा वृक्ष की तड़पन भरी हो,
फिर पपीहें की वही निष्ठाओं गा कर देख लेगें।

जुल्मों की हद हो रही है हम भी जिद्दी है मगर,
ऑधियों से एक तिनकें को लडाकर देख लेगें।

18. फिर से

गमों को भुलाकर सपनों को सजाकर,
आओं शुरु करें नया सफर फिर से।

तुम्हें ढूंढ रही है मेरी नजर से,
चुपके से चले आओं तुम फिर से।

मै इसलिए ऐसा कह रही हूँ कि,
पहचान लेगा तुम्हें, यह शहर फिर से,

मौजों के देखना हो तब करीब से तो,
मेरे दिल में समन्दर में उतरों फिर
से।

ये मौसम है बदल ही जायेगा तब तक,
दामन मेरा फूलों से भर दो फिर से।

मेरे दिल के मकान में रोशनी देकर,
कुछ देर ही सही ठहरो फिर से,

मुझ तक पहुँचनें का तरीका आसान है,
दोस्ती गज़ल से तुम करों फिर से।

19. कल की रात

कितनी लम्बी हो गयी रात,
फिर सपनों में खो गयी रात।

तारे टीम–टीम ताक रहे थे,
भीगी–भीगी वो हो गयी रात।

भीगी पलकों की चादर पर,
चुपके से फिर सो गयी रात।

तनहाई के इस बिस्तर पर,
कॉटे कई चुभों गयी रात।

ओस के कतरे छोड़ गयी है,
मेरे गम मे रों गयी रात।

20. मदहोश नहीं

रिश्तें नाते खत्म हुये सब,
फिर भी कोई रोष नहीं।
सब के स्वार्थ अपने–अपने है,
यूँ कोई बेहोश नहीं।
यादों के मनहर मंजर है,
उसी सहारे जी लेती हूँ।
जाम मुहब्बत के पी डाले,
पर कोई मदहोश नही।
मिलने का मन तो करता है,
कोई राह नही दिखती।
दिवानी तो फिरती रहती है,
उसको कोई होश नही।
त्योहारों पर दुश्मन मिलते,
दोस्त कभी भी मिल सकते।
इन्तजार तो ऑखें करती,
उनका कोई दोष नही।
वही चाह है प्यार किया था,
प्रियतम कहकर जिसको तुमने।
वे बाती भी बुझने को आयी,
दीपक में भी जोश नही।

21. कितने सगे है मेरे

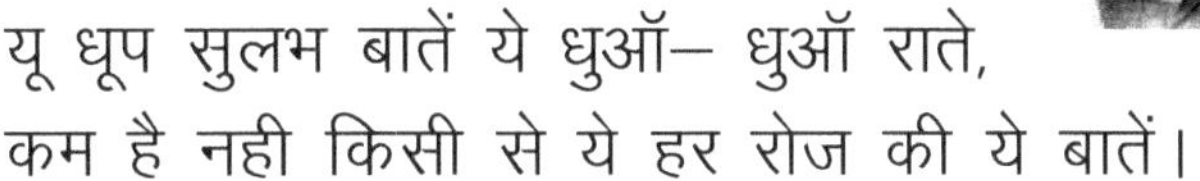

ये कोन्धते अन्धेरें
कितने सगे है मेरे।

ये रोशनी के फेरे,
कितने सगे है मेरे।

यू धूप सुलभ बातें ये धुऑ– धुऑ राते,
कम है नही किसी से ये हर रोज की ये बातें।

ये सांझ के सेवेरें,
कितने सगे है मेरे।

दुःख दर्द जो सहे है,कहे वो अनकहे है,
आचार संहिता के ये शब्द अनजाने है।

ये प्रेम के मछेरे,
कितने सगे है मेरे।

एक नाम है ॲधेरा गुमनाम है ॲधेरा,
ये झूठ के उजारे बदनाम है ॲधेरा,

ये डूबते सॅवेरें
कितने सगे है मेरे।

22. टुटते रिश्ते

गुजरेगी न जवानी बचपन की तरह,
टुटते है सब रिश्ते दर्पण की तरह।

दुऑ बरसात की मॉगने वालों,
दिल कैसे भिगाओगें ऑगन की तरह।

जिन्दगी के तपतें रेगिस्तान में,
याद आऐगा कोई सॅावन की तरह।

रह–रह के ख्याल आती है जिन्दगी,
क्या तू भी खाली है जिन्दगी की तरह।

23. कब तक

बे मौसम फल की चाहत में पत्थर मारोगे कब तक,
सुख के पेडों की साया में वक्त गुजारों कब तक।

वो जो पल बीत गया आया है न आयेगा,
सन्नाटें में चीख–चीख कर उसे पुकारोगें कब तक।

सच्चाई को एक दिन दिल से करना होगा, तुम्हें कुबूल,
अपनों से छोटों पर गुस्सा और उतारोगे कब तक।

मंजिल की चाहत ऑखें में होती यू हर वक्त नही,
जो करना है कर ही डालों और बिचारोगे कब तक।

दुनियॉ मॅा–बाप से बढ़कर खुदा नहीं हो सकता,
अपने दिल में सच्ची ये बातें उतारोगे कब तक।

ख्वाब सजाना पलकों पर है अच्छी बात नही लेकिन,
ख्वाबों में जीत–जीत कर तुम हारोगें कब तक।

24. आज कल

हर तरफ सिमटी हुई सम्भावनाऐ आजकल,
और बेहद बढ रही कामनाऐ आजकल,

बाप से बेटा यहॉ सहमत नही क्या करें,
मर चुकी है इस कदर सद्‌भावनाए आजकल।

बढ़ रही भूख, मायूसी घूटन हर तरफ,
बॉझ होती जा रही है योजनाए आजकल।

क्या लिखे हम भला सत्यम शिवम सुन्दरम,
गहन रख दी गई रख दी गई है सुन्दर कल्पनाए आजकल,

आदमी तो इस कदर पत्थर हुआ है दोस्तों,
कुछ असर करती नही प्रार्थनाए आजकल।

25. विश्वास करो तुम

भले न काई आस करो तुम,
अपने पर विश्वास करो तुम।

सारा उपवन महक उठेगा,
पतझड को मधुमास करो तुम।

हर सॉस में ढलता प्रतिक्षण,
जल पल होता जब परिर्वतन,

परिर्वतन बना नव जीवन फिर,
जीवन में उल्लाह करो तुम।

ऊचें नीचें पथ चल आयें,
जिसने पग पग फूल बिछायें।

क्यों न हृदय उनके गुण गायें,
मत उसका उपहास करो तुम।

अपने कर्तव्यों को पाले,
जो औरों का भार उठायें।

बोझ नहीं ईश्वर पर डालें,
वही परीक्षा पास करो तुम।

26. मुस्कुराते रहिये

होकर मायूस न यूँ अश्क बहाते रहिये,
उम्मीद का नाम है जिन्दगी जरा मुस्कुराते रहिये।

लोग तो पत्थर बनकर यूँ ही जख्म देते रहेगें,
उन जख्मों पर बस प्यार की मरहम लगाते रहियें।

जो वक्त किसी के इन्तजार में रुकते ही नही,
उस वक्त के साथ हमेशा कदम बढाते रहियें।

आसान नही यूँ हर मुश्किल को झेल पाना,
फिर भी गर्दीश के आगे न सिर झुकाते रहिये।

जो तुफान में भी कश्ती साहिल तक ले आता है,
उस मॉझी को हिम्मत के गीत सुनाते रहिये।

कामयाब होगा हर कदम अगर हौंसला है तुम में।
बस जीवन के दामन में खुशियों के फूल सजाते रहिये।

27. जिन्दगी

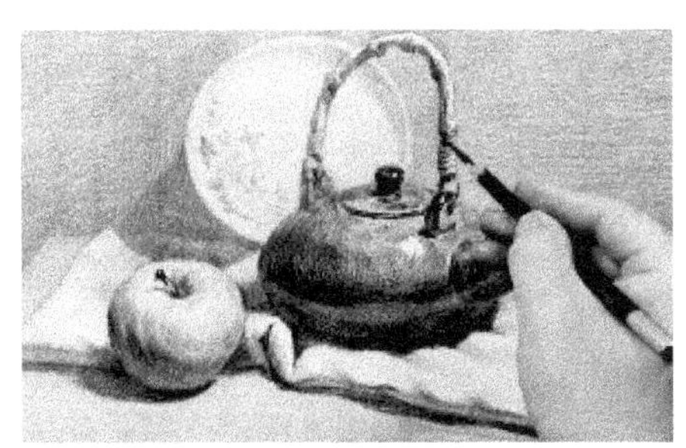

दर–ब–दर की ठोकरे खाती है जिन्दगी,
कितने ही तूफानों से टकराती है जिन्दगी।

सोचो तो समन्दर की इक बूँद की तरह,
या फिर समन्दर ही नजर आती है जिन्दगी।

तकदीर अपनी हर कोई साथ लिये चलता है,
देखना है कहॉ किसको मुकाम दिलाती है जिन्दगी।,

चाहत की मंजिल हर किसी को नसीब नही होती,
देखो किस मजिंल पर कदम बढ़ाती है जिन्दगी।

जिन्दगी तो जिन्दगी है, जिन्दगी के रुप हजार,
अपने ही माया जाल में उलझाती है जिन्दगी।

सुख और दुःख के दो पहल पर सच ही,
कभी हसाती तो कभी रुलाती है जिन्दगी।

28. जिन्दगी

ले ले कर तेरा नाम सरेआम जिन्दगी,
छलती रही है मुझको ले नाम जिन्दगी।

दुनिया के देते हम इसके सिवा और क्या,
जो कुछ भी बस यही थी पैगाम जिन्दगी।

जीवन में प्यार है या नफरत ये पता नहीं,
पर है मेरे सामने एक नाम जिन्दगी।

कितने शिकवा शिला करु भी तो क्या फिर,
हर सुबह के बाद फिर शाम है जिन्दगी।

29. आ जाइए

हर तरफ पत्थर मत जड़वाइये,
एक तो इन्सान शहर में लाइये।

इस तरह सीधी समझ आती नहीं,
बातों को थोड़ा बहुत उलझाइये।

जल रही कितनी चिता इन्सानियत की,
आप भी अपनी रोटी सिकवाइये।

चिकित्सक की जिन्दगी खतरे में है,
झट किसी रोगी को बुलवाइये।

कौन किसके साथ किसको पता,
आप तो मेरी तरफ आ जाइये।

30.धूप ही धूप

अपनी मर्जी से कोई इस जहान में आता नही,
और अपनी खुशी से कोई छोड़ कर जाता नही।

जनम मरण ये तो दो किनारे नदी के,
इनका आपस में फिर कोई रिश्ता नही।

सच इस जहान में शायद मर ही गयी है शर्म हया,
इसलिये तो अब कोई इस दुनिया में शरमाता नही।

चारों तरफ देखो तो धूप ही धूप गम के दिखाई देते है,
अब लाख कोशिशों के बावजूद बादल खुशी के नही छाते।

और जब तक बारिश का मौसम फिर से लौटता नही।
तो कोई कोयल और पपीहा गाना गाता ही नही।

इतना ही नही देता भी वो है सबको बिन मॉगें खुदा,
अरे दुनिया में कोई भी इस तरह का दाता है ही नही।

31. क्या ? मुस्कुराती है जिन्दगी

समय जैसा भी हो, गुनगुनाती है जिन्दगी,
कॉटों में भी हमारी, मुस्कुराती है जिन्दगी।

बड़े ही खूब सूरत है, नये साल के नजराने,
इन नजारों से भी मुस्कुराहट, चुराती है जिन्दगी।

फूलों से कह दो कि वे इतना इतराये नही।
क्या बिना बागवान के भी खिल जाती है जिन्दगी।

सॅवारने की जिद ने कही का न छोड़ा,
चादर सपनों के ओढ हॅसाती है जिन्दगी।

ले सको तो गम गरीब का ही ले लो,
गरीबों का हॅसना भी गम भूलाती है जिन्दगी,

न जाने कितने मोड़ से गुजर रही हो तो,
तभी हर मोड़ का तजुर्बा सुनाती है जिन्दगी।

32. क्या बीती होगी

हम पर गम का पर्वत टूटा,
तो हमने दो चार लिखें।

उन पर क्या बीती होगी,
जिसने कई हजार लिखे।

33.यह कैसी बेकार जिन्दगी

यह कैसी बैकार जिन्दगी,
मुझे मिली है जिने का।

सृष्टि बनाने वाले ऐसी,
क्या कोई तबदीर न थी।

जैसी दी मुझको क्या उससे,
कुछ अच्छी तकदीर न थी।

किससे करुँ मैं गिला कोई,
भी तो साथ नही रहती।

इस बीच डगर में सभी सहारे,
बीच सफर में छुटते हैं।

34. गुजरने दिजिए

जुल्फों को रुख पर बिखरने दिजिए,
जिन्दगी को कुछ सॅवरने दिजिए।

क्यों छिपा रखा है चेहरा चॉद सा,
चॉदनी को छत पर उतरने दिजिए।

आपको जुल्मों सितम का क्या ख्याल,
बस उसे मेरे दिल पर गुजरने दिजिए,

आलम–ए–उल्फत ना जल जाए कही,
ऑखों से ऑसू न झरने दिजिए।

मिल गया चैन तो मर जाऐगें,
जख्मों को हमारे न भरने दिजिए।

35. तनहा

जिन्दगी है तो है एक सफर तनहा,
हमने देखा है सोचकर तनहा।

रातें सोई बिखेर कर जुल्फे,
चॉद जागता रहा मगर तनहा।

कितने चेहरे है इर्द–गिर्द मेरे,
फिर भी लगता है यह शहर तनहा,

प्यास दिल की कभी बुझी नही,
चिखता है ये दिल होकर तनहा।

बस ख्यालों मे ये तसल्ली है,
मैं इधर हूँ वो उधर है तनहा।

36. मिलते है

इस तरह बस आप ही से मिलते है,
जैसे बस हम जिन्दगी से मिलते है।

सर को रख देगें उनकी चौखट पर,
कितने दिवानगी जब मिलते है।

रौनक ढूढतें है चेहरे पर,
जब किसी आदमी से मिलते है।

होकर खुश कौन किससे मिलता है,
लोग सब बेदिली से मिलते हैं।

जिसने बरबाद कर दिया दिल को,
हर समय हम उसी से मिलते है।

37. फांसला देखा

उसकी सूरत का करिश्मा देखी,
रंग ही रंग बिखरता देखा।

चल रहा था वो साथ मगर,
फिर भी राहों में फांसला देखी।

ये भी एहसान जिन्दगी का है,
उस को छिप–छिप कर बार बार देखी।

38. गजल

प्यार से दिल भरा हो,
और शरारत ऑख में।

खुबसूरत जीभ से फिर,
मुँह चिढ़ाना है गजल।

खोय–खोये से लगते है,
पास आते है जब।

और झाक–कर खिड़की से,
मुस्कुराना है गजल।

खुद सदा देखा करें,
पर दुसरें देखें नहीं।

यदि मिली ऑख से ऑख,
तो तिलमिलाना है गजल।

लाख पहरें लगे हो तब भी,
मानता कब है ये दिल,

छुपछुप कर चुलबुली नजरों को,
मिलाना है गजल।

दुरियों में शिकायत ही
नहीं रहती है कभी,

पास आकर बाहों में,
समाजाना है गजल।
बिना वजह खामोशी क्यों,
अपने दिल को मारकर,
दिल में कुछ आ ही गया,
तो साफ कहना है गजल।

39. उतारे हुए

हम तुम्हारे हुए, तुम हमारे हुए।
दो नयन दो नयन के सहारे हुए।।

जब भी देखा उन्हें ये लगा हमेशा।
तुम मेरी खातिर जमींन पर उतारे हुए।।

उनकी जिद मान ले या अदा मान ले।
एक मुद्दत से जो चॉद तारे हुए।।

हमने फूलों की सी जिन्दगी दी उन्हें।
वे वक्त आने पर शोले शरारे हुए।।

कैसी बीती सदी पुछना मत कभी।
चोट हर मन पर बहुविध करारे हुए।

40. पुकार

मेरे दिलबर तुझे मैंने तो हर दम ही पुकारा है,
लगा जो रोग है मुझको वो आखिर तो तुम्हारा है।

मेरा दिल है एक मंदिर,
तेरा जिस्म ही मुरत है,
जिसे खोजा है सदियों से ,
दिल मे बसी वही सुरत है।

मै डूबी हूँ प्यार में तेरे, नहीं मिलता किनारा है।
लगा जो रोग है मुझको वो आखिर तुम्हारा है।

न टुटे तार इस दिल के,
सनम तूने जो जोड़े है,
निशान दिल पे छोड़े है,
तेरी शोहरत ये उलफत के।

रुके न अब कभी पल भर, जो बहती प्रेम धारा है,
लगा जो रोग है मुझको वो आखिर तुम्हारा है।

तेरे न रहने से अब,
तो बेहतर है मर जाना,
तुम्हारे रहते ही खुशियाॅ है,
तुम्हारा न रहना गवॅारा है।

दिया तौहफा तुम्हें हमने, वो आखिर तुम्हारा है,
लगा जो रोग है मुझको वो आखिर तुम्हारा है।

41. प्यार भरे मौसम

चॉदनी रुप की ढल न जाय बातों में,
फिर कोई घटना घट न जाए रातों में,

लूट न ले कोई इश्क के खजाने को,
आओ फिर बात करें प्यार भरे मौसम की।

कुछ तो मजबुरी होगी ऐसे चुप रहने की,
घुट–घुट के जीने की ऑसू को पीने की,

बेदर्द जालिम जमाना जहॉ आयेगा सताने को,
आओ एक रात जियें प्यार भरे मौसम की।

सपनों के दे दें शबनम से मॉग भर दे,
जन्मों की दूरी को आओ आज भर दें,

चॉद निकलता है रुप तुम्हारा देखने को,
आओ एक उम्र जिये प्यार भरे मौसम की।

42. प्रेम गीत

प्यार की राह पर चलना तो चाहा मैनें,
रुक गयें कदम मेरे न जाने कहाॅ।

तेरी याद में मैं सिर्फ रोती रही,
दर्द जुदाई का सनम तुमने कैसे सही।

जीवन भर दिल से तुम्हें ही चाहूॅगी,
तुम्हारा नाम लेकर की सनम मर जाउॅगी।

हर जनम तुम्हारा ही साथ माॅगूगी,
दुल्हन बनकर तुम्हारे ही घर आउॅगी

चारों तरफ प्यार के बादल छायें,
जब भी देखो तुम्हारे चेहरे सामने आये।

दिल हर वक्त तेरा ही साथ चाहे,
ऐसा मौसम कभी भी न जाये।

काश ऐसा होता तो............

43. जलसा करेंगे

अभी हमको जो अनदेखा करेगें,
हमें वो उम्रभर सोचा करेगें।

बस जरा बातों से नींद चुरा ली,
कहा था हमनें हम सताया करेगें।

जिन्हें करना है कुछ इस जिन्दगी में,
कभी कहते हैं नही वो क्या करेगें।

हमारे सब्र की भी हद है कोई,
खुदा से अब तो हम झगड़ा करेंगें।

अभी बढ़ने दो गिनती इन गमों की,
किसी दिन दोस्तों जलसा करेगें।

यहॉ बे मौत मरेगी हर हस्ती,
जमाने की अगर परवाह करेगें।

44.ख्वाब बहुत

दिखा रहे है मुझे जिन्दगी में ख्वाब बहुत,
तुम्हारे चेहरे पर दिखते है ये शबाब बहुत।

जरा बताओं तुम्हें मुझ से प्यार कितना,
तुम अपनी उँगलियों पर रखते हों हिसाब बहुत।

तुम अपने आप को नजरों से बचा के रखना,
तुम्हारा हुस्न है दुनिया में लाजबाब बहुत।

बसा लिया है तुम्हें अपने दिल में,
हमें हैं जिन्दगी पे नाज अब "जीत" बहुत।

45.सजा कर रख लेगें

हम आपकी हर अदा को,
चुराकर रख लेगें।

“जीत” आ तुझे हम दिल में,
सजा कर रख लेगें।

क्या जरुरत है मन्दिर या मस्ज़िद,
में जाने की।

तेरी तस्वीर ही दिल में हम,
छिपाकर रख लेगें।

चंद गजलें है मेरी जो दुनिया में,
नहीं बिकती।

सिर्फ अपने दिलबर साजन को,
सुनाकर रख लेगें।

खुषिया न हो के शर्मिंदा,
गुजर जायें कही।

ऑशियॉ इन्हीं तिनकों पर फिर
बनाकर रख लेगें।

गम जो राहों में मिले हमको
तडपाते गये,

हमने सोचा की चलों हम, उठाकर रख लेगें

46. सौगात मुहब्बत की

हमें वो इनाम मिला है तेरी जिन्दगी के पीछे,
और हजारों गम मिले है तेरी बेखुदी के पीछे।

तुम्हें दोस्त कह चुकी हूँ, तो मुझसे दुश्मनी क्यों,
मेरी जिन्दगी मिटी है तेरी बन्दगी के पीछे।

मुझे गम दे सको तो एहसान है तुम्हारा,
नफरत न मुझ से करना मेरी दिवानगी के पीछे।

इकरार मुहब्बत का एक बार कर के तो देखो,
अरमान मेरे दिल मे है तेरी सादगी के पीछे,

सौगात मुहब्बत की रखना सदा सलामत,
है मेरी दुआ तेरी हर खुशी के पीछे।

47.मुझे तुम्हारी याद आयेगी

जब–जब कलियॉ महकेगी,
शबनम बूँद टपकेगी।

लिखकर इतिहास फूलों का,
रात सुबह को महकेगी।

मुझे तुम्हारी याद आयेगी।

जब भी चॅदा आयेगा,
साथ चॉदनी लायेगा।

रात अधियारों के ऑचल पर,
मुझे तुम्हारी याद आयेगी।

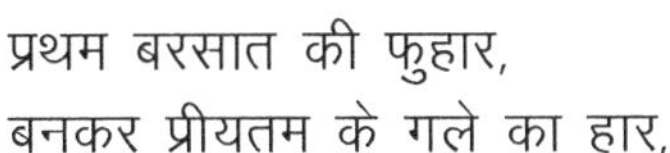

प्रथम बरसात की फुहार,
बनकर प्रीयतम के गले का हार,

कुछ अलसायी सी कुछ सरमायी सी,
बदन छुने को जब जी ललचायेगा।

मुझे तुम्हारी याद आयेगी।

अलबेली पवन लिख–लिख कर,
सागर की चंचल लहरों पर,

जख्मी उॅगली के स्पर्श से,
जब बार–बार बाम मिटायेगें।

मुझे तुम्हारी याद आयेगी।

48. मेरा नाम मिटाया

दीवार पर लिखकर उसने मेरा नाम मिटाया है,
जिसके गम ने मुझको मारा याद फिर वही आया है।

कितने सपनें देखे इन ऑखों ने हमको अब तक याद नही,
आज नया सपना फिर कोई इन ऑखों में आया है।

पतझड आया सावन आया हर मौसम आये जाये,
जिनको अब तक आना था वो फिर क्यों न आयें।

प्यारी–प्यारी सूरत उनकी याद कभी जब आती,
उनकी यादों ने मेरे पूरे जीवन को महकाया है।

मन दिवारों पर अब तो धुँधली–धुँधली तसवीरें है,
उनके गम ने मन की तसवीरों का रंग चुराया है।

मेरी बात अलग है मैं तो फिर भी जीलूँगी पर,
उनका क्या होगा जिसने दिल पर जख्म लगाया है।

49. ऑखों में तेरा चेहरा

ऑखों में तेरा चेहरा ऐसा बसा हुआ है,
आईना जैसा घर में कोई रखा हुआ है।

दिल यूँ मचल रहा है महसूस करके जिसको,
एक नाम धड़कनों में पर लिखा हुआ है।

तनहाई से माना ये घर सजा हुआ है,
यादों का दिल में लेकिन मेला लगा हुआ है।

महफिल में मेरा जिक्र आया तो हॅस के बोले
ये नाम शायद हमारा सुना हुआ है।

खुशबू से जिसके सारी दुनिया महक रही,
चेहरा गुलाब जैसा उसका खिला हुआ है।

50. मुझे लिख देना

ऑख जब अश्क बहाये तो मुझे लिख देना,
जब मेरी याद सताये तो मुझे लिख देना।

कोई सावन की घटा जब आपकी छत पर आकर,
आग सी दिल में लगाए तो मुझे लिख देना।

गम के सन्नाटों में जब टूटा हुआ दिल कोई,
दर्द के गीत सुनाये तो मुझे लिख देना।

ऐ मेरे जाने जहॉ मेरी वफा के मोती ,
तेरी भीगी पलकें लुटाए तो मुझे लिख देना।

मेरी यादों के खजानों का आपकी सांसें,
जब कोई फर्ज चुकाए तो मुझे लिख देना।

51. दोस्त

मेरे दोस्त के बिना मेरा जीवन अधूरा लगता है,
जिस तरह,चॉद के बिना सारा आसमान अधूरा लगता है।

हनुमान के बिना सारा रामायण अधूरा लगता है।
खुराक के बिना गुलाब अधूरा लगता है,

वैसे मेरे "जीत" के बिना मेरा जीवन अधूरा लगता है।
पानी के बिना मछली का जीना मुश्किल होता है,

चॉद के बिना चकौर का जीना मुश्किल होता है।
वैसे ही मेरे प्रियतम के बिना मेरा जीवन अधूरा लगता है।

जब सारी दुनिया मेरा साथ छोड देती है,
तभी मेरा साथ देता है मेरा साथी,

मेरे गम को कम कर मुझे खुशियॉ देने वाला
मेरा हमराज।

52. तुम ही तो सहारा हो

हर तमन्ना इस जनम में पूरी हो ये जरुरी नही,
कोई तो बहाना हो फिर से जनम पाने का।

क्या ये भी समझाना पडेगा तुमको हर बार,
एक ही नज़र काफी है नामो निशान मिटाने के लिए।

रहती हूँ बहुत दूर अपने अस्तित्व से पर,
क्या तुम ही रह गये थे इतने करीब आने के लिए।

लबों से तो कुछ कहते ही नही हो तुम,
एक की मुस्कान काफी है कत्ले आम के लिए।

तुम्हारे यहाँ आने का कोई तो मकसद होगा,
क्या हम रह गये थे आज माने के लिए।

बातों से तो तुम हमेशा करते हो घायल,
बेहोशी भी जरुरी है कभी होश में आने के लिए।

यूँ तो कुदरत ने दी है हजारों हस्तियाँ,
क्या तुम ही रह गये थे मन में उतर आने के लिए।

राज ये नही कहा जाता है सरे आम सभी से,
पर तुम ही तो सहारा हो मेरी जिन्दगानी के लिए।

53. हम ही होगें

धूप कड़ी ही सही, सावन की घटा हम ही होगें,
तुम्हारे दिल की हर धड़कन में हम ही होगें।

प्यार वफा अपनापन, सब देख ले,
हर एक रिश्तों का दपर्ण हम ही होगे।

तुमको सपनों में सजाया करो अपने तरीके से हमें।
तनहाई के मौसम की दुल्हन हम ही होगें।

दिल का लगाना कोई खेल नही मगर,
खिलौनें ढुढता था, वो बचपन हम ही होगें।

हर एक शेर से खुशबू छुपी होगी तो,
गजलों में महकता गुलशन हम ही होगे।

54. सॅवर गए होते

हम इस जहॉ से गुजर गए होते,
तुम ना मिले तो मर गये होते।

मेरे हालात और तेरी सीरत,
काश दो पल सॅवर गये होते।

बनकर खुशबू तुम्हारे ऑगन में,
मेरे अरमान बिखर गये होते।

55. तलाश कर लेना

जो तुम्हे प्यार दे सके अपना ऐसा इक दिल तलाश कर लेना,
हम है भटकते मुसाफिर अपनी मंजिल तलाश कर लेना।

तुम हमारे साथ न चल पाओगे,
हमारी राहों में सिर्फ कॉटे है।

फूल बरसे तुम्हारे दामन में ऐसी महफिल तलाश कर लेना,
जो तुम्हे प्यार दे सके अपना ऐसा एक दिल तलाश कर लेना।

डूब जाना है नसीब हमारा,
अलविदा आखिरी सलाम तुम्हें।

तुम ना आना करीब तुफान के कोई साहिल तलाश कर लेना,
जो तुम्हें प्यार दे सके अपना ऐसा एक दिल तलाश कर लेना।

56. बिदाई

बूँद–बूँद गिरता है पानी,
याद आ गये पापा–मम्मी।

कहते थे मैं तो हूँ,
सब के दिलों की रानी।

पर लगती ये बात पुरानी,
क्योंकि होनी मेरी बिदाई अब।

क्या ससुराल में याद नही,
आयेंगे मायके वाले सब,
देते है सभी मुझे सीख।

मायके वालों को भूलों,
यही है शादी की रीत।

पर कैसे भूल पॉऊगी।
मै सब प्रीत।

क्या मेरे जीवन की,
यही है जीत।

मिला है मुझे प्यारा घर मीत,
मॉ कहती है, हो जाऐगा सब ठीक,

कैसे सहूँगी मैं ये जुदाई,
रोक लेती है अपनी रूलाई,

पिता कहते है पाती सदा देना,
तुम कुशलता की लिख,

अब बताओं मैं कैसे जियूँ
दर्द बिदाई का कैसे सहूँ।

57. दर्द की दास्तान

जो अपने ग़म किसी से बताते नहीं,
वे कभी किसी महफ़िल में रहते नही।

नाज़ुक सी धड़कनों की दुनियॉ में जो जीते है,
वे कभी दिल के दर्द को सहते नहीं।

सब्र की हद से दिल टूट जाता है तब,
अष्क यूँ ही ऑखों में बहते नही।

परेशान हो जाता है जब जिन्दगी से कोई,
वो मौत का इन्तजार कभी करते नहीं।

58. निगाहों में समा जाओगे

जब भी आकर वो मेरे पास बैठ जायेगें,
दिल का हाल सुनाकर रोयेगें और रुलायेगें,

मायूस न हो हमें मिलने न दे जमाना,
आके ख्वाब मेरी निगाहों में समा जायेगें।

डुबकर तेरे प्यार में गुजारे है जो पल जो क्षण,
ना भूल पाया है ये दिल न हम भूल पायेगें।

शिकवा नहीं तुमसे रुसवा किया सरे आम,
जाते–जाते तस्वीर तेरे दिलों में बसा जायेगें।

इश्क न रह सकेगा जब इस दिल में,
खामोश रहेगें लब नजरें भी चुरायेगें।

59. गम

लाख खुशियों का कम है,
एक गम को भुलाने के लिए,

एक ही गम काफी है,
जिन्दगी भर रुलाने के लिए।

60.अकेले

जिधर देखो उधर मेलें है,
जितने बढ़ रहे मेले है,
उतने ही हम अकेले है।

61. मत छिनों

मेरी लघु इकाई को हम,
हथकड़ियों से मुक्त रहने दो
मुझसे मत छिनों मेरा छोटा पन,
बस मुझे वही रहने दो,
जहॉ मै हूँ।

62. अफसोस

मुझको भी अफसोस रहेगा,
साथ अधूरा तो छूट गया।
पर सहनशील दबाव दे चुकी,
बस चुप रहने का मन है।
कोई शक्ति आ रही है रोकने,
मुझे बैरागी बनाने को,
इस से अधिक बता पाना कुछ,
मेरे बस की बात नही।

63. मेरी वफा

तुमने मेरी वफा क्या खुब सिला दिया,
मेरी खुशी जिन्दगी में जहर मिला दिया,

चुप रहें मेरे लब और देखती रही ऑखें,
बेवफा ने मेरे दिल का आशियाना जला दिया।

वे एक झलक दिखा के दुर से चले गये,
उनकी एक झलक ने मुझे दिवानी बना दिया।

64.अच्छे नहीं लगते

जब दुःखी मन हो तो तराने अच्छे नही लगते,
फिर लौट आये तो, जमाने अच्छे नहीं लगते।

अगर तुम्हें आना न था, तो क्यों वादा किया,
रोज के तेरे बहाने अच्छे नहीं लगते।

तू नहीं होता तो दिल भी बुझा रहता है,
गीत कोई भी सुहाने, अच्छे नहीं लगते। ।

जी रही हूँ किसी तरह से "जीत" लेकिन,
क्या है हालात बतानें अच्छे नहीं लगते।

वादा करने को तो कर लेते है बड़ी शान से,
हाय ! अफसोस निभाने अच्छे नहीं लगते।

65.मिला नही

सुर मेरे जीवन का मुझको मिला नही,
फूल मन की बगियॉ मे अब तक खिला नही।

कॉटों से दोस्ती तो कर ली मैनें पर,
फिर भी कलियॉ दामन में अभी तक मिला नही।

ओ मेरे जिन्दगी के दर्द किस से करु में शिकायत,
शिकवा मुझे खुद से है, जमाने से गिला नहीं।

सहते जाओं इस दुनियॉ के गम तुम भी,
कौन है ऐसा जिसको गम ने छुआ ही नही।

66. असमर्थ हो गयी

मुझे मेरा ही नहीं पूरा, दूँगी दूसरों को क्या मैं,
ओठों के उस शब्द के बिना हो गमों अबोली मै।

मिला था तिनके का सहारा पर शब्दों में गुत्थी मैं,
टूट गया वो सहारा अब, असहाय हो गयी मैं।

थी अपेक्षा पाने की कुछ, नहीं थी हरियाली में खड़ी मैं,
अंतःकरण की उस आशा बिना, असमर्थ हो गयी मै।

जीवन का अटूट रिश्ता, निभाना सोची थी मै,
तनहा पड़े इस जीवन, बस उस लायक नही थी मै।

67. पर सब कुछ याद है

दिल की हर बात आपकी यादों से आबाद है,
हमें सब कुछ भूल जाने पर भी सब कुछ याद है।

मिलाकर आप से नजरें मुसीबत ली हमनें।
कयामत से पहले एक कयामत देख ली हमनें।

हसीन वादा तो करते है निभाना भूल जाते है,
लगाकर आग सीने में बुझाना भूल जाते है।

अपनी आशिकी को तो हम बदनाम नही करते
क्यो हमारे मुहबत को बदनाम करते है

68.दीप जलायेंगे

कभी एहसास से डुबा हुआ पल याद आयेगा,
कभी खिड़की कभी परदे, कभी वो दिवार की साकल,

कभी चुपके से मन ही मन किया दर्द ने हमें घायल,
हथेली पर लिखा नाम तुमकों याद आयेगा,

हथेली की लकीर के कई टुकड़े हुए होगें,
हजारों प्यार के पल में कई मुखड़े हुए होगें,

अकेले में जब तुम यादों के दीपक जलाओगे।

69.रह जाने दो मुझे प्यासी

रह जाने दो मुझे प्यासी,
दे दो मुझको झूठी दिलासा।
तुम तो करो मत व्यग्य शरम,
इतना मत ललचाओ मुझको।

शायद तुमको मालूम नही है,
हम तुम दोनों है हमजोली।
प्यास एक सी हम दोनों की,
जैसे साथ रहे दामन चोली।

70. सनम हो गया

दोस्तों फिर नया इक सितम हो गया,
आज फिर बेवफा वो सनम हो गया।

फिर तडपने लगा दिल किसी के लिए,
एक नये दर्द का फिर जनम हो गया।

क्या खबर थी कि हालत ये होगी कभी,
हम तो समझे थे कि अब दर्द कम हो गया।

71.सब–के–सब

सपना करेगें अपना हम,
साकार सब के सब।

लटकायें मुॅह क्यों बैठे हो,
लाचार सब के सब।

उसको समझकर कर्ज,
चुकाता कोई नही।

सर पर ही ढोते रहते है,
उपकार सब–के–सब।

जिनमें छपी थी गजल,
या कविता कुष्ट मेरी।

रद्दी के भाव बिक गये।
अखबार सब–के–सब।

72. चाहत

चाहत है कि एक बार उचककर छू लूँ,
आसमान को लेकिन चाहत और निर्यात में है,

एक विरोधाभाष। तभी तो मेरी
अभिशप्त बाहों में भी एक भटकाव है जो

आकाश को छुने से पहले ही विपरीत दिशा में
मुड़ जाती है। इसे मै अपना सौभाग्य कहूँ या

बुझ़ दिली। जो हर रोज मैं अपनी समर्थता
का लाबदा ओढे, बेवजह मुस्कुराते हुए प्रसन्न

होने का दम भरती हूँ। और सुनसान हथेली
में मुट्‌ठी भर आकाश की आंकाक्षा लिए,
एकांत में चुपचाप सिसकती हूँ।

73. वो बात करते है

जहॉ में लोग बहारों की बात करते है,
बस एक हम है जो खारों की बात करते है।

जख्म मिलता है तो मिल जाए जमीं पर ही,
लोग क्यो चॉद सितारों की बात करते है।

74. प्रीत पराई

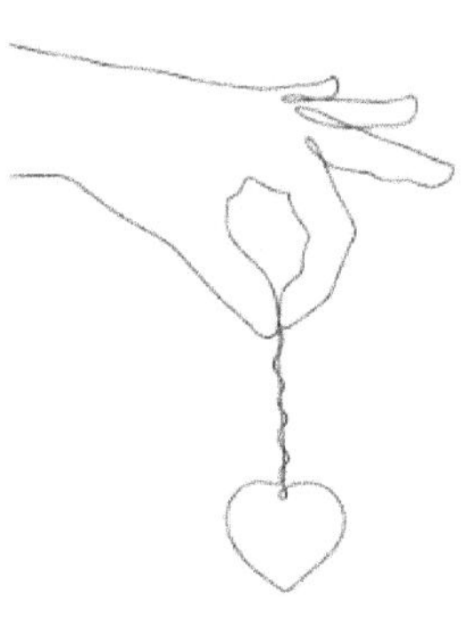

फूलों के मौसम में भी, फूलों पर शबाब नही आया।
ऑखों से बही नदियॉ सूखी, एक कतरा रास नही आया।

क्या करियेगा गिनकर लिखे खतों को प्यार करने वालो कों,
हर मौसम ऑख बिछाई पर, उसका जवाब नही आया।

बेकार समझकर मेरे खतों को पढ़ा भी न होगा उसने,
जवाब की खातिर कोई बहाना गढ़ा भी न होगा उसने।

मुझे भुलाने वालों को शायद हंसी समा होगा,
मेरे लिये तो अबके जैसा,खराब मौसम नही होगा।

कसूर निगाहों का होगा जो नफरत को प्यार समझ बैठी,
कश्मकश से भरी जिन्दगी, उनको आधार समझ बैठी।

मन का मीत बनाा न जीत प्रीत पराई रही।
वफा के नाम पर साथ हमारे रहे, तो बेवफाई ही रही।

75. ऐ जिन्दगी तू ही बता

ऐ जिन्दगी तू ही बता,
क्यों करती है मुझसे प्यार

क्यों देती है मेरा साथ,
अब तक तो कोई साथ नहीं निभाया।

तू भी इन सब की तरह क्यों नहीं करती,
मुझ पर एक एहसान क्यों नही करती,

मेरा साथ क्यों नहीं छोड़ती,
बता जिन्दगी बस तू ही बता।

76. जिन्दगी

ऑसू बहाये बिना कोई खुशी न मिल सकी,
अपनी जिन्दगी कहले जिसे, वो जिन्दगी न मिल सकी।

यूँ तो पाया हमने बहुत कुछ यहॉ आकर,
पर अपनी कहले ऐसी, हॅसी न मिल सकी।

जिन्दगी अब बोझ बन गयी शायद,
जीना मुश्किल हो गया,

घुट–घुट कर जीने से अच्छा,
आजाद रहें शायद,

दूसरों के सहारे जीने से
फिर मौत आये शायद,

दुःख ही अच्छा है शायद।

खुदा को हसाकर जियें तो क्या जियें,
खुदा को रुलाकर औरों को हॅसाना ही जिन्दगी हैं।

77. लड़कियों की जिन्दगी

गरम तपती दोपहर है,
लड़कियों की जिन्दगी।

एक पथरीली डगर है,
लड़कियों की जिन्दगी।

रास्ते की कुछ खबर हैं,
ना मंजिल का कोई पता।

एक अन्जाना सफर हैं,
लड़कियों की जिन्दगी।

हर घड़ी हर पल सतायें,
पत्थरों का डर जिसें।

वो कॉच का घर है,
लड़कियों की जिन्दगी।

78. अजब है रंगत दुनिया की

अजब, है रंगत दुनिया की,
बदलती रहती है तेवर।

किसी पर सेहरा बॉधता है,
उतर जाता है कोई सर।

किसी का पॉव नही उठता,
किसी को लग जाता है पर।

धूल में मिलता है कोई,
बरसाता है फूल किसी पर।

79. तलाश

इस शहर में न जाने क्या हो गया,
हर घर का पहरेदार खो गया।

जिसकी अदा भूमिका फूल उढाने की,
वही बार–बार कॉटे जमीन पर बो गया।

बचाओ की आवाज हम किसको दे,
जहॉ नाविक ही अब नैय्या डुबो गया।

80. कहॉ तक

गिरती हुई दिवार है सम्भालों कहॉ तक,
हर शव जो मर रही है बचाओं कहॉ तक।

फटा है जो आसमान सिया जायेगा कैसे,
धरती जो उजड़ी है बसाओगें कहॉ तक।

सपनों को जो हकीकत में बदल नही पाते,
सपनों में लगी आग बुझाओगें कहॉ तक।

अब इन्सान है इन्सान के लहु का प्यासा,
तो इन्सानियत की लाश उठाओगें कहॉ तक।

कश्ती जब डूबती है तो मॉझी को क्या कहें,
लहरों पर थे इल्ज़ाम लगाओगें कहॉ तक।

जो देते है हवा आग को उनसे कोई पूछे,
चिलम से आंशियॉ जलाओगे कहॉ तक।

81. कठिन लगता है

आग को पीकर पचाना भी कठिन लगता है,
आग में फूल खिलाना भी कठिन लगता है।

जिन्दगी तुझसे शिकायत तो बहुत है लेकिन,
तेरे एहसान भूलाना भी कठिन लगता है।

तुझ संग जीना भी चाहू तो कठिन है लकिन,
तुझको यूँ छोड़कर जाना भी तो कठिन लगता है।

तुझसे मैं ऑख मिला भी तो नहीं सकती हूँ।
पर तुझसे ऑख चुराना भी तो कठिन लगता है।

जाने क्यों तुझसे बिछड़कर हम रोते तो बहुत है,
पर तेरा साथ निभाना भी तो कठिन लगता है।

तुझको ठुकराकर चलूँ तो चलना कठिन लगता है,
तुझको सीने से लगाना भी तो कठिन लगता है।

जिन्दगी को चाहती रही ये मुमकिन ही नही,
जिन्दगी को यूँ छोड़कर जाना भी तो कठिन लगता है।

82.यही है जिन्दगी

बात क्या करुँ मैं गमगीन है जिन्दगी,
डूबी हुई है गम में, हर पल है जिन्दगी।

दुनियॉ में आये थे आरजू लेकर बहार की,
पर मिल गयी है, हर पल बर पतझड़ है जिन्दगी।

बैठे थे लेकर फसाना खुशी का हम,
सोचा न था, कि इस कदर बेरहम है जिन्दगी।

किसी के लिये गुलशन किसी के लिये महक,
पर क्या करुँ मेरे लिये बस कॉटें है जिन्दगी।

गम तो मिलते है जिन्दगी में अकसर,
खुशी में बदलना है गम बस यही है जिन्दगी।

83. जरुरत

सुना था अर्थी को कंधा लगता ,
पर अब जमाना बदल रहा है।

भागती हुई दुनियॉ के साथ,
जिन्दगी दोड़ पड़ी है।

मौत तक को सब्र नहीं,
अब जीते जी कंधों की जरुरत आ खड़ी है।

84.वह मौत

मौत की बारुद से शरीर नही उडता,
उडता है जिन्दगी के बढ़ते अभाव से,

प्यार में छिपे व्यंग के भाव से,
जिन्दगी और जिन्दगी के घाव से,

इस लिए मौत,
कभी कभी जिन्दगी से प्यारी और,
खूबसूरत नजर आती है।

85. दीपावली अभिनंदन

अभिनंदन का भार उठायें,
माटी का यह छौना।

बॉट रहा उजयारा जग को,
आज दीप यह बौना।

आज इसी दीपक से पायें,
ऐसा प्यार सलोना।

हो जाये संपूर्ण ह्रदय का,
जगमग कोना कोना।

86. होली

होली खुलकर खेलिये,
तन मन पर छाये हर्ष।

याद रहें हुड़दंग यह,
सबको पूरे वर्ष।

कल तक जिनसे बैर था,
बोलचाल थी बंद।

आज कलह धो डालिये,
दूर होय दुख द्वन्द्व।

खोलो दिल का द्वार,
करो प्रिय का अभिनंदन।

उड़े अबीर गुलाल और, मलों मस्तक पर चंदन।

87. मस्ती लेकर आई होली

मस्ती लेकर आई होली, हर हस्ती पर छाई होली।
कोई रंग लिये हाथों में, दोड़ रहा चेहरा रंगने को।
पुचूर–पुचूर चलती पिचकारी,नही ठौर कोई भागने को।

सुन्दर चेहरे रंगते बुरी तरह बदरंग हो गये।
रंग भंग का नशा चढ़ा तो मदहोशी में सभी खो गये।
मस्ती लेकर आई होली, हर हस्ती पर छाई होली।

बड़े प्रेम से आज बड़े भी छोटों से गले मिल रहे।
लगता है जैसे दलदल में आज कमल का फूल खिल रहे।
मस्ती लेकर आई होली, हर हस्ती पर छाई होली।

आज छा रही है समरसता भेदभाव का काम नही।
वैमानस्य का हुआ सफाया बुरा आज बदनाम नही।
मस्ती लेकर आई होली, हर हस्ती पर छाई होली।

88. आज जाओ तुम

आजाओं तुम जल्दी आओं,
रंगों से होली खेलेगें।

प्यार का नजराना देगें,
बस प्यार ही लें लेगें।

घर में मस्ती बाहर मस्ती,
मस्ती के ये आलम है।

हम तुम मस्ती में डूबेगें,
मस्ती का ये फागुन है।

रंग फुहारे तन पर गिरकर,
मन को भी रंगीला कर देगें।

प्यार से उनकी झोली खाली,
ये उनको को भी भर देगें।

अपनो से भी खेलेगें हम,
गैरों से भी खेलेगें हम

89. मैं और मेरा मरुस्थल

मेरे पास खड़ा था मरुस्थल,
अपने सुखे होंठ हिलाता मरुस्थल,

इसलिए मधुबन में रहकर,
मैं अपने अधर सी लिये,

मन में प्यासें हिरन भटक कर,
थक कर रोज तोड़ देते दम,

अक्सर मरुस्थल ने अपने ही,
ऑसू के कटु घुँट पी लिये।

जीवन का क्या, कट ही जाता,
चाहे सुख से, चाहे दुख से,

मेरे पास कुछ पल ऑसू के,
घर बनकर मेहमान जी लिये।

90. ओ प्रकृति!

ओ प्रकृति ! पुरुष के प्राणों की आधार शिला,
तुमसे प्राण मिला जीवन में अनुराग मिला,
तुम सृष्टि स्रोत की सबसे पावन परिभाषा,
तेरे परिभाषा में बसती जीवन की आशा।

तुम श्रृद्धा हो तुम निष्ठा हो तुम लज्जा हो,
मन के मन्दिर की तुम ही प्राण प्रतिष्ठा हो,
वाणी की भाषा हो रस हो स्वर रीत तुम हो,
है समय यही है कि केवल रीत तुम्ही हो।

तेरे ऑचल की छॉह में कौन सा सुख बसता है!
जिसकी खातिर बरबस ऑख नही अघाती है,
तुमको निहारते ऑख नही अधाती है,
कैसे कह दूॅ कि मै कैसे कितने सुख पाती हूॅ।

तुम स्नेहधार बनकर प्राणों की प्यास हरो,
बाहों में बादल है तो बादल का विश्वास करो।
तुमनें जीकर मैं गीत सदृश्य तुमको गाऊ
केवल तुम्हे ही गातें–गातें में खो जाऊ।

तेरा प्रतिविम्ब दिखता सभी दिशाओं में,
तेरी ही छुवन समाती है हवाओं में,
तू क्षमा, दया, नमन, करूना, उदारता, निर्विकार,
है तुम्हें नमन श्रृद्वा स्नेह का बार–बार।

91. इन्तजार

सूरज का उदय और अस्त
निसर्ग का ही दस्तूर है,

आखिर क्यों जमाने को,
सुबह का इन्जार है।

92. हमारा सूरज

आज हमारी शताब्दी का सूरज,
अपनी दोपहरी प्रखरता के साथ,

तप रहा है दमक रहा है,
कल के सूरज की प्रतिक्षा में,

जो इससे अधिक बलवान,
और ज्योतिष्मान् होगा।

93. मॉ

यू तो तुने मुझ से मेरी जिन्दगी मॉग ली,
तेरी हर खुशी के लिए मैने भी हार मान ली।

हर दर्द सहा पर उफ तक नही की,
तेरी ऑचल को ममता को भूल चाह तक नही की।

गम की ऑधिया चले पर दिल कभी न टूटता,
बस तेरी ममता की उम्मीद कर मै सदा झुमती।

क्यो कि तभी तो तुझे मॉ कह कर बुलाती हूॅ,
और मॉ तू मुझे ममता श्रे ऑचल से ढकती है।

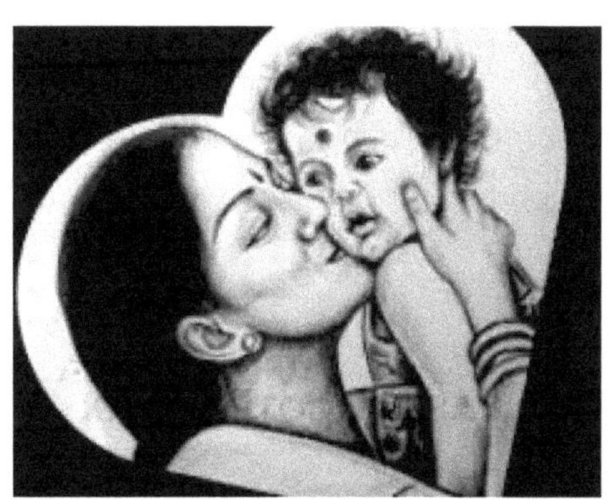

94.शुक्रिया अदा की

हम आपके शुक्रगुजार है,
आपसे मिले गम ने हमें,

अपने ऑसूओं और जज्बातों पर काबू रखना सिखा दिया,
बड़े से बड़े दुख झेलने के काबिल बना दिया।

हम आपके शुक्रगुजार है,
आपसे मिली बेवफाई न हमें।

किसी से ईमानदारी की उम्मीद न करना सिखा दिया।
किसी के सहारे बगैर जिन्दगी जीना सिखा दिया।

हम आपके शुक्रगुजार है,
आपसे मिली रुसवाइयों ने हमें,

दुनियॉ के संग दिल रवैये से अवगत करा दिया।
इसके चलन को अपनाने का सलीखा सिखा दिया,

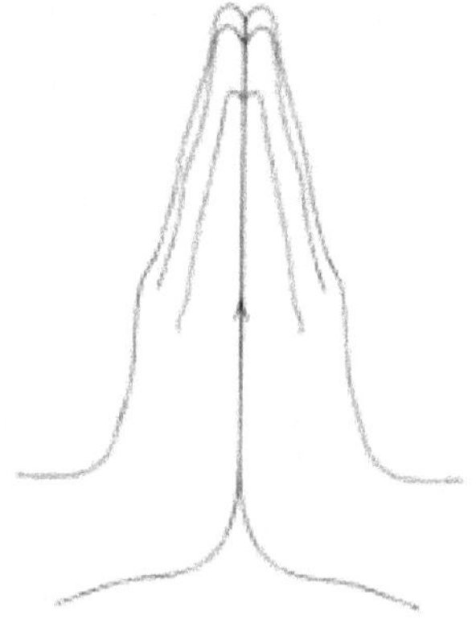

हम आपके शुक्रगुजार है,
गम, बैवफाई और रुसवाई के बहाने

एक साहसी शर्मीली सीधी–साधी लड़की को निडर,
निडर, व्यवहारिक और समझदार बना दिया।

आप हमारे जीवन में आए,
हम आपके शुक्रगुज़ार है।

www.ingramcontent.com/pod-product-compliance
Lightning Source LLC
LaVergne TN
LVHW070229170826
845679LV00035B/1878

9798897444960